姫たちの
ふる里

近江戦国スケッチ紀行

北国街道（長浜）

まえがき

戦国は近江が舞台

近江の歴史の中で、戦国時代が最も激動のときではなかったかといえます。
それは日本の歴史上の武将で、
最も知名度の高い織田信長・豊臣秀吉・徳川家康の三人が
競って近江を舞台に天下人を目指したからです。
すなわち彼らにとって近江を掌握することが、天下人になる第一条件でした。
その要因として近江が、
地形的に古代から東日本と西日本を結ぶ交通の要衝に位置していたこと。
ときの幕府・朝廷が近接する京都にあり、
近江が東の玄関口にあたっていたことがあげられます。
そして前掲の三人を中心に
浅井長政・柴田勝家・明智光秀・六角義賢・京極高次・石田三成などの
多彩な武将が、
近江という舞台において主要な役者を演じた格好となりました。
また、湖北の浅井長政と信長の妹お市の方との間に生れた三姉妹も、
ときの覇者信長・秀吉・家康と深くかかわり、
それぞれ波瀾にみちた生涯を送っています。
これらの舞台となった遺跡（城郭・旧城下町など）が、
滋賀県各地に数多く散在しています。
それをいま追体験できることも、滋賀県の大きな魅力の一つといえます。

木村至宏

※執筆についてご協力いただいた加藤賢治氏（成安造形大学近江学研究所）・今井絵理沙さんにお礼申しあげます。

もくじ

湖南

湖西

スケッチポイント

あとがき

湖北

栃ノ木峠 県境

栃ノ木峠

-柴田勝家の道-

栃ノ木峠は、越前国（福井県）と近江国を結ぶ主要道にあたる北国《ほっこく》道（北陸道）筋にある。近江の峠道のなかで最北の峠であるが、最も利用された峠道だ。

峠には、現在でも峠名の由来となった目通り周囲約五メートルを超える栃の大樹が、長年の風雪に耐えて現在もみることができることはうれしい。

峠道の歴史は古く、寿永二年（一一八二）に平家を破った木曽義仲が、越前から近江に入ったことが『源平盛衰記』にみえる。およそ八百有余年前から栃の木があったことがうかがえる。そのあと天正三年（一五七五）には、織田信長が越前の一向一揆を平定したあと栃ノ木峠を通り岐阜城へ還っている。

また、北国の武将柴田勝家が、近江・美濃との出入口として峠道を整備したという。勝家は、お市の方が夫浅井《あざい》長政をなくしたあと妻にしているが、当然お市の方も近江からこの峠を通り越前北庄《きたのしょう》城へ向ったことだろう。

勝家は織田信長が没したあとその跡目をめぐって羽柴（豊臣）秀吉と対立、秀吉軍に相対するため北庄城からこの峠道を通り近江に入った。そして勝家は賤ヶ岳合戦で敗れ、栃ノ木峠を通り越前へ敗走した。勝家にとって栃ノ木峠は、武将として特別の思いを秘めた峠であったことだろう。

栃ノ木峠は、木之本から北国街道を余呉《よご》町柳ヶ瀬・椿坂・椿坂峠を越えて、北国街道の近江最終の宿場中河内《なかのかわち》に着く。越前方面からの旅人は、かつて「今庄《いまじょう》朝立ちや木之本泊り、合《あい》の中河内は昼弁当」と俗謡にうたわれていた。これからも栃ノ木峠・椿坂峠は長い谷間と山道であったことが想像できる。

ところで、栃ノ木峠には、かつて茶屋があり、天正十一年（一五八三）秀吉が越前への途次立ち寄り、茶屋の前川家が秀吉から釜を拝領したという話が伝わっている。昭和四十七年（一九七二）当時、峠には、わら葺きの民家一軒と踏み石・古井戸をみることができたが、現在では峠の名称となった栃の大木だけが残る。

■栃ノ木峠

所在地　滋賀県長浜市余呉町中河内

アクセス　車…北陸自動車道木之本ＩＣから30分

余呉湖 賤ヶ岳遠望

賤ヶ岳の合戦

－柴田勝家と秀吉－

戦国時代に近江が主戦場になったのは、姉川の合戦と賤ヶ岳《しずがたけ》合戦であった。ともに湖北に位置している。賤ヶ岳合戦は、織田信長が没したあとその跡目をめぐって、ともに信長の重臣であった羽柴秀吉と柴田勝家の戦いであった。

越前北庄城主勝家は、雪どけをまって近江に入り余呉湖まで進軍、いっぽう秀吉は北上し、各地に砦を築いて迎えた。秀吉が美濃に出発したすき間をぬって勝家軍は、秀吉の軍を急襲。その報を聞いた秀吉は、大垣から十三里（約五〇キロメートル）を約五時間という予想外の早さで木之本に着き、反撃に転じた。これが有名な秀吉の「大返し」といわれている。

これによって勝家軍は、越前へ敗走し、勝家の妻（信長の妹・かつての浅井長政の妻）お市の方とともに自刃した。賤ヶ岳合戦で戦功をあげた秀吉軍の加藤清正・福島正則ら七人の武将は、「賤ヶ岳の七本槍」としてよく知られている。

標高四二一・一メートルの賤ヶ岳の山頂部には、現在も土塁の一部や犬走り跡がある。大岩山には秀吉方の武将中川清秀とその配下の墓所もある。

賤ヶ岳の山麓には、合戦の関連史跡を数多く点在している。なかでも今市（余呉町）の集落には、勝家を越前へ逃がすために身代りになって戦死したという毛受《めんじゅ》茂左衛門・勝助家照兄弟の墓所もある。

ところで、賤ヶ岳の山頂へは、リフトと登山道が整備されている。その山頂から北側には静かな湖面をみせ鏡湖ともいわれる余呉湖、東には近江の最高峰伊吹山《いぶきやま》、南に広がる琵琶《びわ》湖や竹生島《ちくぶしま》が眺望できる湖北一の景勝地である。昭和二十四年（一九四九）に選定された琵琶湖八景の一つ「新雪　賤ヶ岳の大観」として知られる。

■賤ヶ岳古戦場

所在地　滋賀県長浜市木之本町大音／木之本町飯浦

アクセス　電車・バス…JR北陸本線「木ノ本駅」からバス5分賤ケ岳下車／車…北陸自動車道木之本ICから3分

余呉湖 川並集落

余呉湖

-伝説の舞台-

余呉湖は湖北にある。滋賀県に湖が二つあることを知っている人は意外に少ない。三方山に顔まれた余呉湖は、琵琶湖と同じ陥没湖である。

余呉湖は、琵琶湖の湖面よりも約四十八メートル高いところに位置している。周囲約六・一キロメートル、湖水面積一・九七平方キロメートルのこじんまりした湖。静かな水が澄んだ湖で「鏡湖」ともよばれていた。

余呉湖といえば羽衣伝承が著名である。すでに奈良時代の『帝王編年記』の養老七年(七二三)に、伊香刀美《いかとみ》と天女をめぐる伝説がある。

伝承の基本的な流れや内容は、あまり変わらないが登場する主人公に諸説が存在している。その一つに——。

天から八人の天女が白鳥となって余呉湖に舞い降りた。それをみた地元の伊香刀美が天女の美しさに魅了された。一人の天女の美しい羽衣が湖辺のヤナギの木にかかり、天女は天に行くことができず、地元の伊香刀美と結ばれ子どもを授かった。

ある日地元の人の「坊やの母は星の国の天女さま。坊やの母の羽衣は千束千把のワラの下」という子守唄を耳にした天女は、羽衣を探し出し天に舞いもどったという。

また、一説には地元の桐畑太夫《きりはただゆう》と天女の間に生れた子どもが、近くの大箕《だいき》山菅山《かんざん》寺に入りのちの学者・政治家の菅原道真であるという。菅山寺名は、菅原道真の一字をとってつけられたともいわれている。

文中に出てくるヤナギは、「衣掛けの楊《やなぎ》」とよばれ湖辺にいまも現存し、普通のしだれ柳ではなく楊の字を使うヤナギで、こんもりした樹容をみせている。それはともかく、戦国時代においては賤ヶ岳の北麓に位置する余呉湖周辺は、柴田勝家と羽柴秀吉軍が激突した「賤ヶ岳合戦」の主戦場となった。

■余呉湖

所在地　滋賀県長浜市

アクセス　電車…JR北陸本線「余呉駅」から徒歩5分／車…北陸自動車道木之本ICから10分

小谷城跡遠望

小谷城跡

－浅井長政の居城－

近江の城郭の中で著名なものは小谷城《おだに》であろう。それは城郭の大小の規模よりも、城主浅井長政と妻お市の方の人間ドラマによる影響が大きい。

平野部にせり出し独立丘のような小谷山（標高四九五・一メートル）の頂上近くに、小谷城が築城された。小谷城は、江北《ごうほく》の実権を掌握した祖父浅井亮政《すけまさ》の居城で、あと父の久政そして長政が引き継いだ。浅井氏三代の名城であった。

城郭は、小谷山全山に及び、尾根上に大広間・本丸を配置した。昭和四十五年（一九七〇）から発掘調査が行われている。長浜城歴史博物館長中井均氏によると、

「山城から巨大な礎石建物が検出され、三万七〇〇〇点に及ぶ出土。その物の九六%がかわらけとよばれる素焼きの皿であった。かわらけから日常の居住施設があったことを示す」という。このことから小谷城の山城での居住施設で、長政・お市の方などの家族が生活していたことが推察できる。

織田信長の妹お市の方は、永禄七年（一五六四）に十六歳で、長政二十九歳のとき結婚した。小谷城で万福丸・茶々（淀殿）・初・江《ごう》（小督《おごう》）の一男三女の母として、小谷城を去るまでの長い期間ここで生活をしていた。

ところで、よく知られているように元亀《げんき》元年（一五七〇）長政は、突如義兄信長と離反し、祖父以来の盟友関係であった越前の朝倉義景に組みした。これが端緒となって織田信長は厳しく長政と敵対することになった。

まず、長政は小谷城近くを流れる姉川の合戦で敗北。ついに天正元年（一五七三）八月、信長による小谷城の総攻撃を受け、父久政に続き長政も城にて自刃。お市の方と三姉妹は長政の家臣前掛三河守に連れられて小谷城を下った。その後伊勢上野城主織田信包《のぶかね》のもとに預けられた。「本能寺の変」が発生し、お市の方と三姉妹は、その後歴史の舞台に再び登場することになった。

■小谷城跡

所在地　滋賀県長浜市湖北町伊部（登山口）

アクセス　電車・バス…JR北陸本線「河毛駅」からバス9分小谷城址口下車／車…北陸自動車道長浜IC または木之本ICから15分

姉川河川敷

姉川の合戦

－浅井・朝倉と織田・徳川－

近江と美濃の国境、伊吹山地に発し琵琶湖に注ぐ姉川の清流。伊吹山を背景に曲線の美しい姉川の流れを眺めていると、かつてこの川を挟んで戦国の群雄が覇権を争い戦ったと聞いても、その地獄絵巻を想像することは難しい。

織田信長の妹お市の方を妻に迎えた浅井長政が元亀元年（一五七〇）四月、信長の越前朝倉攻めの際、義兄信長に矢を向けた。その二ヶ月後、戦いの舞台は姉川に移った。

姉川の合戦は近江を舞台に繰り広げられた戦いの中でも非常に重要な意味を持っている。神仏をも畏れない戦国の風雲児織田信長の快進撃を止めることができるのは誰か。近江の地を手に入れようとした信長に対してその野望を断つため初めに立ち上がったのが浅井長政であった。

戦いは元亀元年（一五七〇）六月二十八日未明、姉川の中流域に位置する野村・三田村（現長浜市）で始まった。姉川の北岸に浅井・朝倉軍一万八千、南岸に織田・徳川連合軍二万八千、浅井長政の前に織田信長が朝倉景健《かげたけ》の前に徳川家康が川を挟んで対峙した。浅井朝倉軍は開戦から善戦したが、数で勝る織田徳川連合軍に押し切られるかたちで後退した。

この戦いは壮絶なものであったと伝えられる。戦死者は両軍合わせて二千人を超え、今も戦いの地に残る「血原《ちはら》」「血川《ちがわ》」という地名がその凄まじさを伝えている。朝倉軍と徳川軍が戦った「血原」には朝倉方の真柄《まがら》十郎左衛門が大太刀を振り回して奮戦し、「血原千人斬りの丘」といわれたという。また、戦死者の血で赤く染まったと伝えられる「血川」は圃場整備によって川は埋め立てられ、今その流れを見ることはできないが、伝承とともに地名が今に残っている。

その近くに「春風や　麦の中行く　水の音」という彦根藩士で松尾芭蕉晩年の門人直江木導（一六六六～一七二三）の句碑が建つ。木導は戦乱の世を古《いにしえ》に思いながら、太平の世の美しさを後世に伝えようとこの句をしたためたのではなかろうか。

（加藤）

■姉川古戦場

所在地　滋賀県長浜市野村町

アクセス　電車・バス…JR琵琶湖線「長浜駅」からバス15分野村橋下車すぐ／車…北陸自動車道長浜ICから10分

虎御前山を望む

虎御前山

-小谷城攻めの信長の砦-

元亀元年（一五七〇）六月の姉川の合戦の後、浅井、朝倉軍は敗走し、九月、比叡山《ひえいざん》延暦寺に入山し態勢を整える。翌元亀二年（一五七一）五月、箕浦《みのうら》（米原市）で浅井軍と織田軍が衝突、秀吉軍の活躍により浅井軍は湖北へ後退する。

そして、元亀三年（一五七二）三月、信長は本格的に北近江に進出、湖北一帯の浅井方の集落を焼き討ちしながら徐々に浅井攻めが始まった。その最終目的地小谷城を攻める重要な要塞となったのが、小谷城を見上げる位置にある虎御前山《とらごぜん》（標高二二四メートル）であった。同年七月下旬に虎御前山の城普請が始まり、八月初旬には要塞が完成、小谷攻めが開始された。

しかし、浅井軍に味方する本願寺を中心とする一向一揆の勢力や将軍足利義昭の命を受けた甲斐の武田信玄など信長を包囲する勢力は強大であり、小谷城が落城するのはその翌年のことになる。元亀四年（一五七三）八月、小谷城と防衛線を張っていた山本山城（長浜市湖北町）が降伏、湖北木之本に陣取っていた朝倉軍も越前に撤退、小谷城は孤立して浅井三代五十年の歴史が幕を閉じた。

虎御前山には虎御前という美しい姫の伝承が伝わっている。虎御前という美しい娘は、ある若者と結婚し身ごもったが、生まれてきたのは十五匹の蛇であった。これを嘆き悲しんだ虎御前は深い淵に身を投げた。十五匹の蛇はやがて成長するとともに人間の身体となり、この地域の長者として村の発展に寄与したという。以来、この山が虎御前山と名付けられ、虎姫という旧町名もこの姫に因んでいるという。

かつて信長や秀吉、丹羽長秀、滝川一益などの名将が尾根沿いに砦を築いた虎御前山。現在そこには滋賀県立虎御前山教育キャンプ場が設置されている。毎年夏になると地域の小学生がこのキャンプ場を利用し、歴史の息吹を感じながら自然との共生を学んでいる。虎御前姫のやさしいまなざしに見守られながら。

（加藤）

■虎御前山

所在地　滋賀県長浜市中野町

アクセス　電車…JR北陸本線「虎姫駅」から徒歩15分／車…北陸自動車道長浜ＩＣから15分

国友鉄砲の里資料館

国友鉄砲の里

-幕府の御用鍛冶-

長浜市国友町は、かつて隆盛を極めた鉄砲鍛冶の商家の長い土壁が連なり当時の風情を醸し出している。

天文十二年（一五四三）ポルトガル人を乗せた中国船が種子島に漂着し、鉄砲が伝来した。種子島の領主種子島時尭《ときたか》は手に入れた銃のうち一丁を藩主島津貴久に献上、貴久は足利将軍家に報告した。翌年将軍義輝は国内での生産を命じ、管領細川晴元が当時国友の地を領有していた京極氏を通じて国友町の鍛冶技術が注目された。

国友の地は朝鮮半島からの渡来人の子孫が製鉄技術を伝え守り、また、良質の鉄が湖北地方で産出したことから鉄砲鍛冶技術も必然的に発展していった。はじめは銃尾のねじをつくることができなかったが、『国友鉄砲記』によると次郎介という鉄工が「小刀の欠けたるをもって大根をくりぬくと刃の欠けたる通りに道つきたり…」というようにねじのつくり方を開発し、その生産技術を支えた。

この地は近江の北と南、そして東国と西国を結ぶ軍事上の要衝にあたり、特に浅井氏と織田氏の争乱は当地で繰り返された。姉川の合戦ですでに鉄砲は使用されていたというが、浅井氏のお膝元でありながら早くから武器として積極的に取り入れたのは織田信長であった。天正三年（一五七五）の長篠の合戦では三千丁の鉄砲を国友に用意させたといわれている。慶長十年（一六〇五）、徳川幕府は国友に法度を出し幕府の御用鉄砲鍛冶の役割を与えた。皮肉なことに鉄砲の安定供給が平安な世の中をつくったようにもとれる。

近世の国友は東洋のエジソンと呼ばれ天体望遠鏡や空気銃を自らつくり活躍した国友一《いっ》貫斎《かんさい》藤兵衛（一七七八～一八四〇）や遠州流の茶人辻宗範《そうはん》という文化人を輩出した。また、鉄砲鍛冶技術を活かした象眼細工が盛んとなり、長浜曳山《ひきやま》祭りの曳山に施す彫金技術や、長浜仏壇の「銷鍍金《けしめっき》」という技法をつくり出すなど鉄砲製造技術が昇華され文化の華が開花した。

（加藤）

■国友鉄砲の里資料館

所在地　滋賀県長浜市国友町
アクセス　電車・バス…JR琵琶湖線「長浜駅」からバス16分国友鉄砲の里資料館前／車…北陸自動車道長浜ICから10分

木之本地蔵坂付近

北国街道

-武将の往来-

近江には古代から東海道・東山道（のちの中山道）・北陸道といった日本を代表する道が行き交っていた。ちょうど東日本と西日本を結ぶ重要な交通の要所に位置している。

それを反映して戦乱のたびに、近江がその主要な舞台となった。近江の中でも戦国時代には、どういうわけか湖北に集中して展開されてきた。地形的に道を介して北国・美濃に接していたことも、大きな影響を及ぼしていたと考えられる。

北国街道は、北国道・東近江路ともよばれ中山道鳥居本《とりいもと》から米原・長浜・木之本・柳ヶ瀬・椿坂・栃ノ木峠を経て越前へ通じる重要な道であった。

戦国時代の戦乱の舞台は、小谷城・横山城・虎御前山・姉川・賤ヶ岳などがあげられる。いずれも戦乱は、北国街道筋と木之本から関ヶ原を結ぶ北国脇往還《わきおうかん》筋を中心に行なわれた。

北国街道を往来した戦国武将の代表をあげると織田信長・朝倉義景・浅井亮政・同久政・同長政・羽柴秀吉・徳川家康・柴田勝家・丹羽長秀・佐久間信盛・明智光秀・森可成《よしなり》・大野木茂信・磯野員昌《かずまさ》・阿閉貞征《あつじさだゆき》・石田三成・小堀政一・田中吉政など戦国時代を背負った実力ある武将たちが、北国街道を往来している。これ以外に武将ではないが歴史を彩った湖北小谷城で生まれた茶々・初・江の三姉妹がいた。

これらの武将たちは、あるときは攻め、あるときは敗走といった人生の転変を繰り返した。街道のみが時を刻んでいるようだ。

それはともかく、北国街道の機能は、長浜市大戌亥町《おおいぬい》の石造道標「左北こく道　右京いせ道」とあるように、下りは北国への道であり、上りは京伊勢への道として利用された。また、北国街道筋の長浜からは北国脇往還の春照《すいじょう》へ通じる谷汲道《たにぐみ》・長浜街道がある。さらに街道筋の曽根町・湖北町速水《はやみ》からは竹生島道があり、巡礼道としての色彩ももっていた。

■北国街道（木之本宿）

所在地　滋賀県長浜市木之本町木之本
アクセス　電車…JR北陸本線「木之本駅」から徒歩5分／車…北陸自動車道木之本ICから5分

長浜城歴史博物館

長浜城界隈

-秀吉の城下-

JR長浜駅を琵琶湖岸へ進むと一帯が長浜城跡で、豊臣秀吉ゆかりの豊公園の桜の木々の間に模擬復元された長浜城天守閣を見ることができる。この天守は現存する愛知県の犬山城などを参考に昭和五十八年（一九八三）、長浜城歴史博物館として建設された。三層五階建、白壁の館内には湖北地方の歴史文化が紹介展示されている。最上階からは視界をさえぎるものはなく、美しい山並みや湖、古戦場などの史跡から長浜の市街地まで交通の要衝であった湖北長浜が一望できる。

小谷城が落城し、浅井氏の時代が終焉を迎えると、次にこの湖北の地を織田信長から任されたのが羽柴（豊臣）秀吉であった。秀吉はかつて近江守護佐々木導誉が出城をつくっていたという今浜の地を与えられ、天正二年（一五七四）、築城をはじめた。築城と同時に地名を長浜に改め、小谷城下から商工人や寺院などを移動させ、新しい城下町としての機能を整備した。

また、秀吉は、平安時代延久元年（一〇六九）に源義家の発願で後三条天皇の勅によって山城の石清水《いわしみず》八幡宮を勧進して創建されたという八幡宮を長浜で復興した。伝承によると天正四年（一五七六）秀吉にはじめて男児が誕生したのを喜び、長浜城下に砂金を振る舞った。それを元手に城下の町衆が曳山を建て八幡宮の祭りを盛り上げたという。これが現在の長浜曳山祭りの始まりとされている。

長浜で曳山祭りが始まった天正年間は、信長が安土城下で楽市楽座と呼ばれる経済政策を実施している。長浜城下に商工業者を集住させ、情報と資金を集める新しい政策である。秀吉は長浜においてその政策の実行を視野に入れ、町衆の祭りとしての曳山祭りを支援したと考えられる。

秀吉が築いた城下町長浜。今では年間二八〇万人の観光客を集める観光の街として注目されている。四〇〇年前の秀吉の想いは、理想の街づくりを実現しようとする現在の町衆にも伝わり、その発展に繋がっている。

（加藤）

■長浜城（長浜城歴史博物館）

所在地　滋賀県長浜市公園町

アクセス　電車…JR琵琶湖線「長浜駅」から徒歩8分／車…北陸自動車道長浜ICから15分

大通寺参道

大通寺参道

-城下町から門前町へ-

長浜市街地の中でも特に近世門前町の雰囲気を残す長浜別院表参道。その北の突き当たりに真宗大谷派長浜別院大通寺がある。壮大な欅づくりの山門をくぐると重要文化財である本堂と大広間が眼前に迫る。いずれも伏見城の遺構で、奥の客殿には鑑賞式枯山水庭園や狩野《かのう》山楽《さんらく》や山雪《さんせつ》、円山《まるやま》応挙《おうきょ》や岩駒《がんく》の作と伝えられる襖絵が残る。まさに近世日本美術の博物館の様相を整えている。

慶長七年（一六〇二）旧長浜城内に置かれていた湖北方面の真宗道場を本願寺第十二代教如《きょうにょ》が大通寺として開山、名実共に北近江における真宗信仰の拠点となった。寛永十六年（一六三九）、彦根藩の援助を受けて現在の地に移り、ほぼ今の伽藍ができあがった。徳川時代には政治の中心が彦根城に移り、長浜城は廃城となったため、近世の長浜の街は、大通寺の門前町として発展していった。

親鸞《しんらん》を祖師とする浄土真宗は、戦国時代に突入する乱世の時代に第八世蓮如《れんにょ》によって復興され、日本最大の大教団として成長した。その発展において湖西地域の堅田《かたた》や湖東、湖北地方を中心に近江の地は非常に重要な働きをした。

第十一世顕如《けんにょ》は織田信長に対して激しく反抗し、浅井・朝倉氏や比叡山延暦寺等の信長包囲網に呼応した。顕如は信長の「天下布武」にとって鍵を握った「近江」ことに北近江地域の一向一揆に檄文《げきぶん》を飛ばして信長の野望と戦ったのである。

長浜の街には曳山祭りと並んで著名な「夏《げ》中《ちゅう》さん」と呼ばれる大通寺の法要が夏の風物詩として盛大に行われる。この法要は毎年7月初旬に行われるが、夏の農閑期の楽しみの一つとして、参道に多くの露店や見世物小屋が出店され、真宗門徒に限らず多くの人でにぎわう。

日本の歴史を動かす力を持った北近江真宗門徒の象徴大通寺。それは信仰を守り抜いた証しとして大切にされ、長浜の街の発展の礎となった。戦国時代の激しい戦いの跡をそこに見ることはできないが、壮麗な山門や本堂に染み込む民衆の信仰の力を強く感じる。

（加藤）

■大通寺（長浜御坊）

所在地　滋賀県長浜市元浜町

アクセス　電車…JR琵琶湖線「長浜駅」から徒歩10分／車…北陸自動車道長浜ICから8分

竹生島遠望

竹生島

-弁才天と観音-

琵琶湖には、四つの島があるが、そのなかで歴史と文化を秘めているのは竹生島である。マリモが湖上に浮かんだような竹生島は、周囲二キロメートルの小島で、湖底から石英《せきえい》班岩《はんがん》がまっすぐ突き出たような形状をもち、周囲は切り立った断崖の様相をみせている。

もともと島の祭神は産土神《うぶすながみ》の浅井姫命《あざいひめのみこと》をまつり、平安時代に比叡山の仏法を守護する弁才天が登場する。いわゆる浅井姫命から仏教の弁才天を合祀されるようになった。それに観音菩薩像がまつられるようになり、竹生島は信仰の島、霊島として脚光をあびることとなったのである。

戦国時代に入り、元亀元年（一五七〇）には越前の戦国大名朝倉義景が竹生島に参詣し、源頼朝の名刀を奉納。そして足利尊氏・足利義詮・織田信長・浅井長政・豊臣秀吉など名だたる戦国武将が次々と参詣し、竹生島に厚い保護をしている。

竹生島は火災でしばしば焼失を重ねた。永禄元年（一五五八）の再建のときには、浅井久政・長政の父子が、銭三千疋を竹生島に寄付。また「竹生島奉加帳《ほうがちょう》」によれば、羽柴秀吉・秀吉の妻・侍女などが毎年多くの寄進をする。

その後豊臣秀吉の子秀頼は、片桐且元《かたぎりかつもと》を奉行として、弁才天堂を改修し、京都の豊国廟《ほうごくびょう》の遺構を移築し、旧堂を組み合わせて神社本殿を完成させている。本殿（現都久夫須麻《つくぶすま》神社）の内部には、華麗な襖絵がある。また、桃山時代の極彩色の豪壮な観音堂の唐門も、かつて京都の豊国廟にあった建造物が移築されたものだ。

江戸時代には徳川家康・秀忠・家光の三代将軍が、竹生島宝厳寺に朱印状をそれぞれ発給している。

このようにはるばる湖上の竹生島に、桃山時代の豪華な遺構二棟（国宝）が移築されているところからも、霊島竹生島への厚い信仰の一端を垣間みる思いがする。

■竹生島

所在地　滋賀県長浜市早崎町竹生島

アクセス　長浜港から竹生島行き観光船で30分（今津、彦根各港からも連絡船あり）

湖東

鳥居本から佐和山遠望

佐和山城跡

- 石田三成の城 -

佐和山城跡は、佐和山（標高二三二メートル）に築かれた山城である。佐和山城の歴史は、意外と早く鎌倉時代の近江守護佐々木定綱の六男時綱が山麓に館を設けたことに始まると伝えられている。

そして戦国時代に入って佐和山城が注目されるようになった。それは戦略上の要所によるものであった。すなわち、城跡の北には当時入江内湖《いりえないこ》、西は松原内湖が広がり、東は東山道（のち中山道）といった水陸交通が掌握できる絶好の場所に位置していたからである。

この佐和山城をめぐって江北の京極氏・浅井氏、江南の佐々木六角氏との間でたびたび攻防が繰り返されてきた。そのあと姉川の合戦で勝利した織田信長は、いままで浅井長政側が守っていた佐和山城を手に入れ、信長の重臣丹羽長秀を入城させた。そして、信長は安土城ができるまで、佐和山城を近江の拠点とするほど重要視していたのである。

織田信長が没すると、豊臣秀吉は重臣堀秀政、文禄四年（一五九五）には、江北出身の石田三成を入城させた。三成は新たに城の普請や山麓に城下町の整備も行った。三成は秀吉の五奉行の筆頭として活躍した。

三成について「石田三成に過ぎたるものが二つあり、嶋の左近に佐和山城」とうたわれていた。名城佐和山城と三成が招請した智将嶋左近のことである。佐和山西麓にある清凉寺境内は、嶋左近の屋敷跡と伝えられている。

ところで秀吉が死去するとほどなくして関ヶ原合戦が起こった。豊臣方の西軍の石田三成は、徳川家康の率いる東軍に撃破され処刑された。そのあと佐和山城主には、城を攻めた東軍方の井伊直政が入城したが、彦根山（金亀《こんき》山）に新たな彦根城の築城のため建物・石垣などが運び出され、佐和山城は廃城となった。

佐和山城跡の本丸跡に石碑などが立つだけだが、この城跡からの琵琶湖・彦根城を中心とした彦根市街・湖東平野などの眺望はすばらしい。

■佐和山城跡

所在地　滋賀県彦根市古沢町

アクセス　電車…JR琵琶湖線「彦根駅」東口から徒歩50分／車…名神彦根ICから5分

甲良町在士

湖東の技の人

- 高虎と宗廣 -

近江の戦国時代は、地形的背景からたびたび戦乱の舞台となった。いっぽう特性のある人物も数多く輩出をした。

そのなかで、湖東の犬上郡甲良荘《こうら》では、武将の藤堂高虎と、大工棟梁の甲良豊後守宗廣《ぶんごのかみむねひろ》を生んでいる。高虎は甲良荘藤堂村に生まれたが、集落名はのち同荘在士《ざいじ》（甲良町）に改められた。

高虎は、当初浅井長政に仕えたのち、秀吉の異母弟の木下秀長の家臣となる。そして織田信長・豊臣秀吉・徳川家康といった戦国武将による多くの戦いに参画し、いずれも功をあげた数少ない武将であった。秀吉の恩顧の大名であったが、家康にも厚い信頼を得た。

高虎は城郭・寺院などの縄張り（建築の敷地に縄を張って建物の位置を定める）の名手であった。家康の命をうけて江戸城の設計を行なっている。のち家康の霊をまつる当初の日光東照宮の縄張りも手がけた。高虎は武将でありながら才人でもあったといえる。

この高虎と同郷で、甲良荘法養寺村（甲良町）出身の甲良豊後守宗廣がいた。祖父光廣は、甲良大工の祖といわれるすぐれた技をもっていた。父氏廣も京都の建仁寺流の工匠であった。

宗廣は、十四歳のとき建仁寺門前の工匠のもとで修業を積む。慶長元年（一五九六）秀吉の伏見城で、宗廣ははじめて徳川家康に会見する機会を得た。

これが機縁となり家康から工匠として認められ、幕府の作事方棟梁の役職が与えられた。その後江戸における種々の棟梁としての技能が認知され、日光東照宮大造替の幕府方大棟梁に大抜擢され、見事に完成をさせている。

奇しくも、当初東照宮の縄張りは高虎が行ない、東照宮造替工事の大棟梁を宗廣がする。同郷の二人は豊臣秀吉・徳川家康に、すぐれた技能が認められたのである。近江の地には、人々の文化を発揮させる土壌が秘められているのかもしれない。

■甲良町在士

所在地　滋賀県犬上郡甲良町在士

アクセス　電車・バス…JR琵琶湖線「河瀬駅」からバス15分甲良町役場前／車…名神彦根ICから15分

安土城跡大手門付近

安土城跡

-織田信長の城-

安土城は、日本の城跡のなかで、その知名度においては群を抜いている。それは近世の幕開け者の織田信長の居城であったことによることが大きい。

信長は、自らの目標「天下布武」を実行するために、天正四年（一五七六）安土山（標高一九九メートル）に、安土城を構築したのである。

この地を選んだ理由は、いままでの美濃・尾張を拠点としていた信長にとって、京都との中間に位置するこの地は、想像以上に重要な意味をもっていた。戦略的に通路として陸路だけでなく、琵琶湖の水路の重要性を考えていた。安土城の両翼に佐和山・坂本の両城を配したことからも推察できる。しかも安土城は、当時三方は内湖に囲まれた水陸交通の要所であった。

安土城跡は、平成元年（一九八九）から大がかりな発掘調査が始められ、次第に明らかになりつつある。いままでに安土山の自然地形を有効に利用した本丸跡・天主跡・三の丸跡などが存在し、近世の山城の主要な要素を備えた城跡である。

なかでも、外観五層、内部は地下一階地上七階からなる天主が築かれた。「天主指図」によれば、地下から地上三階まで吹き抜けという他に例のない構造をもっていた。また、かつて五階・六階部分に飾られた障壁画は復元され、安土城天主信長の館に展示されている。さらに安土城跡から発掘された金箔瓦・鯱瓦などの遺物は、近くの県立安土城考古博物館で見ることができる。

いずれにしても安土城は、近世城郭の日本最初といわれ、国の特別史跡の指定となっている。

なお、安土城跡には、築城に合わせて信長は總見寺《そうけん》を創建した。かつての境内地に、仁王門・優美な三重塔をみることができる。いずれも国指定の重要文化財である。

■安土城跡

所在地　滋賀県近江八幡市安土町下豊浦

アクセス　電車…JR琵琶湖線「安土駅」から徒歩20分／車…名神竜王ICから20分

安土セミナリヨ跡

セミナリヨ跡

-日本初の神学校-

ＪＲ安土駅を降りて北に安土城跡を目指して歩くと、集落の中に安土セミナリヨ跡がある。側には運河の船着き場あり「セミナリヨ趾」と書かれた大きな石碑が建っている。小さな公園として綺麗に整備されており、大きな桜の木に囲まれている。この地はかつて小字名として大臼《だいうす》と呼ばれており、神＝「デウス」のなまりではないかと考えられ、セミナリヨの跡地とされている。

日本において布教活動を行ったヴァリニャーノは特に日本文化の理解とキリスト教教育機関の必要性を感じ、当時キリスト教に興味、関心を持っていた織田信長と天正八年（一五八〇）安土城で謁見、教育機関建設のための土地の提供を懇願した。そして、同年ついに安土城下において日本初のキリスト教小神学校「セミナリヨ」が開校した。

当時は純和風三階建て全寮制の神学校で日本語、ラテン語、ポルトガル語、数学、天文学、歴史などが講義され、また、音楽、演劇のほか学校外に出て学ぶフィールドワークのような課外活動などもカリキュラムの中に入っていたという。現在行われている教育システムは西洋から移入されてきたものであるが、四〇〇年も以前に近代教育の礎ともいえる教育が安土で行われていたことは驚きである。

しかし、二年後の天正十年（一五八二）に「本能寺の変」で信長が倒れ、安土城と城下町が焼かれるとセミナリヨもその難を逃れることはできなかった。そして、それ以降に幾度となく為政者によって出された禁教令のために、この学舎で学んだキリシタンらが二度とこの地を訪れることはなかった。

信長をはじめ戦国大名は西洋の最新の知識や武器を入手するために南蛮貿易をはじめるが、物資と同時にキリスト教も日本へ入ってきたのである。貿易のために形式的に入信する大名がある中、熱心な宣教師の影響を受けた高山右近や小西行長、有馬晴信のように信仰厚い熱心なキリシタン大名も現れた。

安土セミナリヨ跡、田圃と山に囲まれた長閑な田園風景。厳しい弾圧を受けたキリシタン大名らはこの地にこのような平和な時が来ることを夢に見ていたことであろう。

（加藤）

■安土セミナリヨ跡

所在地　滋賀県近江八幡市安土町下豊浦

アクセス　電車…ＪＲ琵琶湖線「安土駅」から徒歩20分／車…名神八日市ＩＣから20分または名神彦根ＩＣから30分

観音正寺

観音寺城跡

-佐々木六角氏の居城-

観音寺城跡は、湖東平野のやや湖寄りの独立丘の繖山《きぬがさやま》(観音寺山　標高四三三メートル)の頂上近くにある。繖山は、繖の字があてられているように、上空からみると絹布を張った傘をひろげたような山容をし、周辺からもよく目立つ山だ。

城跡は、中世に近江守護としておもに江南を支配していた佐々木六角氏の居城であった。山頂から山腹にかけて数多くの郭が石垣などで築かれ、その規模からも日本を代表する中世の山城であったといわれている。

戦国時代に入って六角氏は、山頂部に位置し山の呼称の由来ともなっている観音正《しょう》寺(西国三十三所観音霊場第三十二番札所)を山麓に移し、全山に城の機能をもたすべく、多くの郭などを整備した。その城は難攻不落の堅城ともよばれていた。近年の発掘調査では礎石・側溝・古井戸・石段など数多くの遺構が発見されている。なお、観音正寺は、慶長三年(一九九八)に山麓からもとの地の現在地にもどった。

ところで、永禄六年(一五六三)六角義賢《よしかた》(承禎《しょうてい》)・義弼《よしすけ》(義治《よしはる》)父子が、観音寺城内で重臣の後藤賢豊《かたとよ》父子を謀殺する。それを知った家臣団は、江北の浅井長政とも通じて義賢・義弼を攻めた。義賢らは難を避けて蒲生《がもう》郡日野へ移った。これが一般に知られる「観音寺騒動」とよばれた。

そのあと義賢らは再び観音寺城に戻るが、騒動を機に義賢側の力は下降線をたどりはじめたのである。時同じくして織田信長は、浅井長政と手を結んだあと南下し、観音寺城の支城にあたる箕作山《みつくりやま》城を落城させる。その知らせを聞いた義賢らは、観音寺城を出て甲賀《こうか》へ。信長は労せず観音寺城を手に入れたことになった。

このような一連の動きをみると、戦国時代では武将は、城を守備し、家臣団の掌握と情報などの把握がいかに大事かを垣間みる思いがする。

■**観音寺城跡**

所在地　滋賀県近江八幡市安土町石寺

アクセス　電車…JR琵琶湖線「安土駅」から徒歩40分／車…名神竜王ICから30分(林道、大型車通行不可)

八幡堀

八幡山城跡と旧城下

― 豊臣秀次の城 ―

織田信長が「本能寺の変」で自刃のあと、安土城は廃城となった。その三年後豊臣秀吉は、四国遠征で戦功をあげた秀次《ひでつぐ》に、新たに八幡山城主に命じた。

八幡山城は、鶴翼山《かくよく》（標高二七一・九メートル）の山頂近くに城郭が築かれた。秀次はその山麓に城下町も建設した。そのとき旧安土城下の人々や寺院などの多くが、八幡山城下に移住。現在も安土と同じ地名が近江八幡市に数ヶ所存在している。

安土では、信長は自由に商売できる楽市楽座の画期的な政策を打ち出したが、秀次も天正十四年（一五八六）に同じように十三ヶ条からなる「八幡山下町中」という定書を下している。

それには、街道往来の商人に八幡山城下での商売、寄宿を進め、琵琶湖を往来する船に対しても、八幡浦への入港を求めている。

いわゆる八幡山城の山麓に外堀として、湖に通じる長い水路が開削された。これが八幡堀である。八幡浦の舟入は、八幡堀全体が舟入の様相を呈していたといってもよい。

ところで、豊臣秀次は突然秀吉への謀反の疑いによって高野山で自殺に追い込まれると、八幡山城までも破却された。八幡町は、いままでの城下町から町人のまち在郷町に大きく転身することになったのである。

このとき八幡町の発展を支えたのは、八幡堀であった。八幡堀は、物資輸送の要である湖上交通に直結していたからであった。

それはともかく、近年の近江八幡市の観光のなかでは、風情を残す八幡堀、かつての八幡商人の家並み、興趣に富む水郷めぐりに人気が集中している。

とくに舟にゆられ、葭に囲まれた狭い水路を通り、しかも水面直近からの低い視点から見る景観は、ほかに例がないほど味わい深い。最近映画のロケにしにしばしば登場している。平成二十年には、「近江八幡の水郷」として、国の重要文化的景観の第一号に選定されているほどだ。

■八幡山城跡

所在地　滋賀県近江八幡市宮内町

アクセス　電車・バス…JR琵琶湖線「近江八幡駅」からバス12分大杉町下車、徒歩5分／車…名神竜王ICから30分

八風街道（如来）

八風越道

―千草と八風―

道の利用が活発化しだすのは中世に入ってからだ。近江の地は、地形的条件に恵まれ東西南北の四方面を結ぶ交通の要所である。戦国時代においてとりわけ織田信長は、ことさら道のもつ機能を重視した武将であった。

永禄二年（一五五九）二十六歳のとき、はじめて将軍足利義輝に謁見するため、東山道を通り京都に入った。帰途は東山道守山、八《はっ》風越《ぷうごえ》道（八風街道）・永源寺相谷・八風峠を越えて伊勢のルートを通行。さらに信長は、同十二年伊勢から大雪のなか千草越《ちくさごえ》をして近江に入り、市原に宿泊している。

このように鈴鹿山系の八風越や、その南にある千草（千種・根の平）越の山道は、伊勢と近江を結ぶ最短の道として、おもに近江・伊勢・美濃地域の物資輸送の商人に利用されていた。とくに両峠の商人集団は、山越四本《しはん》商人とよばれた。すなわち東近江市の保内《ほない》・石塔《いしどう》・小幡《おばた》。愛荘《あいしょう》町沓掛《くつかけ》の各集落の人たちである。

ところで、湖東平野を通り鈴鹿山系・伊勢を結ぶ八風越道は、東山道（近世は中山道）武佐《むさ》から東へとり、八日市・如来付近で二つの道に分れる。

右側が千草越道で甲津畑《こうづはた》を経て杉峠・千草峠（標高八三〇メートル）を越え伊勢へ。左側は八風越道で、永源寺町の高野・山上・相谷・杠葉尾・八風峠（標高九三八メートル）から伊勢へそれぞれ通じている。

千草越といえば、先述したように信長の山越がよく知られている。元亀元年（一五七〇）信長が、朝倉義景攻めに越前に入ったとき、浅井長政が突然離反した。信長はあわてて敦賀・近江朽木《くつき》谷・京都へ。六角方の攻撃を避け、かつて通った千草越を選んだのかもしれない。しかし、千草越で六角方の意を受けた鉄砲の名手甲賀の杉谷善住坊《ぜんじゅぼう》によって狙撃されたが難を逃れている。峠には善住坊が隠れていたという隠れ岩がある。また、同年徳川家康も千草峠を越える。当時重要な間道であったことを示している。

八風街道
所在地　滋賀県東近江市如来
アクセス　車…名神八日市ICから35分

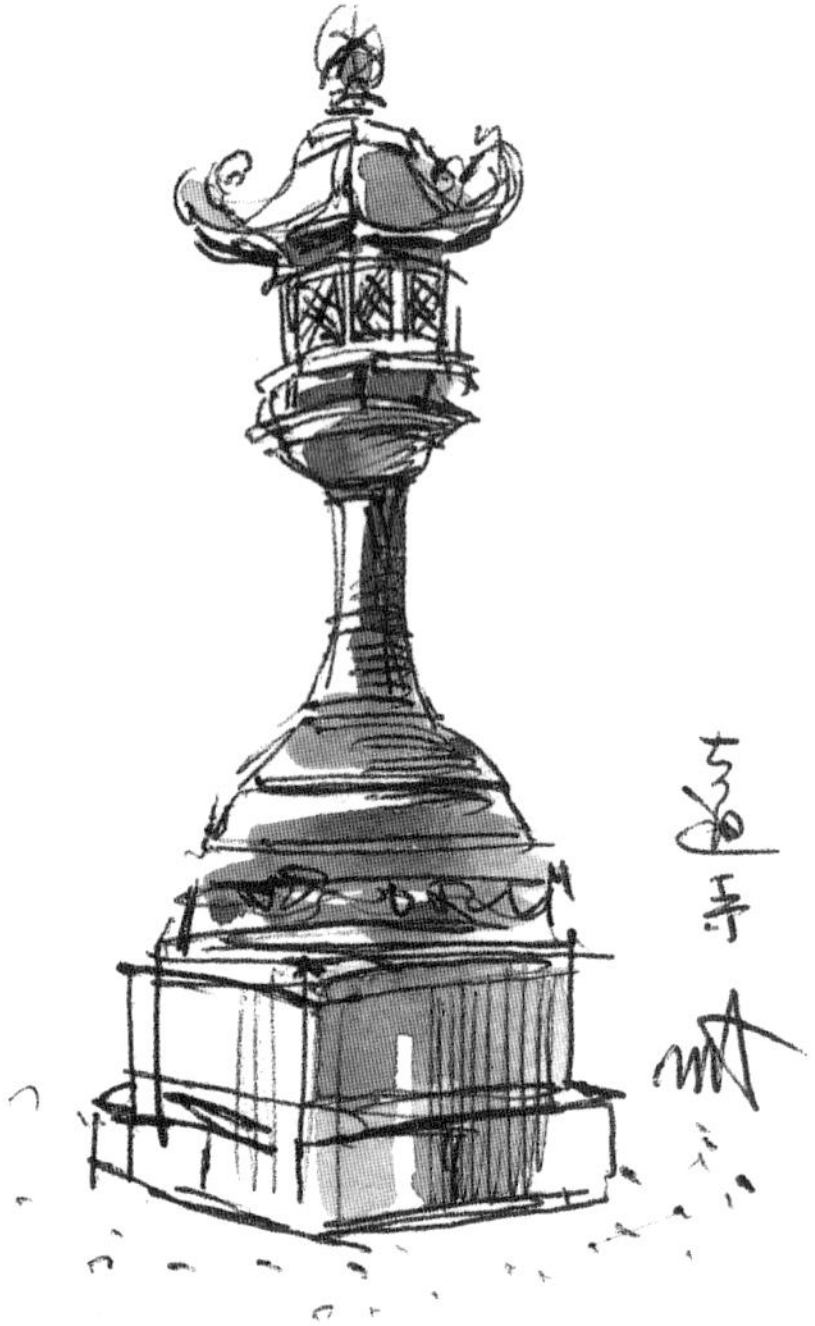

湖南

日野城下

日野城跡

‐蒲生氏の居城‐

蒲生郡日野地域には、中世城郭として鎌《かい》掛《がけ》・音羽・中野・佐久良の各城跡があった。いずれも蒲生氏ゆかりの城跡であることをいまに伝えている。なかでも中野城は日野城ともいわれ、蒲生賢秀《かたひで》・氏郷《うじさと》の城であった。

永禄六年（一五六四）織田信長軍によって、六角義賢の観音寺城が攻められたとき、当時六角方であった蒲生賢秀は、日野城に立てこもり対抗したが、のち信長に臣従した。早速賢秀は、安土城留守居を命じられる。そのあと「本能寺の変」が発生したため賢秀は、信長の妻子を自らの日野城へ避難させたという。

ところで、天正十年（一五八二）蒲生賢秀の子氏郷は、日野城下に対して定書（馬見岡《うまみおか》綿向《わたむき》神社文書）を出し、土山・甲津畑を通る旅人・商人は日野を通ることや、転入住人の保護を決めている。

氏郷が同十二年に松ヶ島城（松坂城）に移封されると、同年羽柴秀吉も日野町中に対し諸役免除・町人退散禁止の掟書を出した。さらに、徳川家康も関ヶ原合戦で勝利したその年に「江州日野町中」に禁制を出して保護をしている。このように戦国時代を代表する武将が、相次いで日野に優遇処置の掟書を発行していることは、当時の日野城下町をいかに重視していたかをうかがうことができる。

日野城下町が築かれた背景には、日野に十五世紀初頭にすでに日野の地名を冠した「日野市《いち》」が存在し、町場化の発祥を想起させる。そのあと蒲生秀紀《ひでのり》・蒲生定秀・賢秀・家隆・氏郷が城郭をつくる。なかでも蒲生賢秀・氏郷が治めた十六世紀後半以降にできた日野城下は村井・大窪《おおくぼ》・松尾の地区を中心に形成された。のち西大路も加わり東西方向に連なる細長い形態をみることができる。

現代もかつての城下町が町の中心部を形成し、その雰囲気をもつ町並みの通りを、五月には日野町人の文化の結晶ともいうべき、興趣に富んだ日野曳山まつりの巡行が行われる。

■日野城跡（中野城跡）

所在地　滋賀県蒲生郡日野町西大路

アクセス　電車・バス…JR琵琶湖線「近江八幡駅」からバス55分日野川ダム口、または近江鉄道本線「日野駅」からバス11分日野川ダム口／車…名神八日市ICから20分、新名神甲賀土山から20分

水口城跡正面

水口岡山城跡

ー交通の要所水口ー

近江の東海道は、古代から伊勢道・伊勢大路とよばれ、水口《みなくち》周辺は交通の要所であった。戦国時代も、伊勢参宮途上の休泊地で知られていた。

羽柴秀吉は、天正十三年（一五八五）家臣の中村一氏《かずうじ》に命じて、東海道筋のこんもりとした山容の美しい独立丘の古城山（標高二八二・九メートル　大岡山・大蔵山）に、岡山城を築かせた。築城にあたっては旧大溝《おおみぞ》城（高島市）・旧三雲城（湖南市）の古材が使用されたという。一氏は山麓を通る街道を城下に取り入れ整備をした。

岡山初代城主中村一氏のあと、豊臣政権の五奉行に数えられた重臣の増田《ました》長盛・長束正《なつかまさ》家《いえ》がそれぞれ就任した。いかに岡山城が交通の要所を押える重要な城であったかをうかがうことができる。

ところで、城主長束正家のとき、上杉征伐に東海道を急ぐ徳川家康を正家が、野洲《やす》川に面した「牛の渕」側の屋敷に招き、吊り天井を仕掛け圧殺しようとしたが、農民の注進によって難をのがれた家康は、夜を通して鈴鹿峠を越えたという伝承がある。伝承とはいえ戦国時代の不安定さを反映させている。正家は、関ヶ原合戦のときには西軍（豊臣方）に味方したため落城した。城跡は現在公園化されているが石垣・堀切の一部などが見られる。

そのあと水口は、東海道の交通の要所としての機能はかかわらず、江戸時代には東海道の宿場となった。そして徳川家光専用の宿館にあたる水口城が、かつての岡山城よりも東海道筋に新たに築かれたのである。そのときの築城に際して旧岡山城の石材が利用されたといわれている。

のち水口藩の居城となり、一名碧水《へきすい》城ともよばれた。城跡は、現在一部の掘割りを残し、櫓《やぐら》を模した資料館が設置され、城の変遷を知ることができる。

■水口城跡（水口城資料館）

所在地　滋賀県甲賀市水口町本丸

アクセス　電車…近江鉄道本線「水口城南駅」から徒歩5分／車…名神八日市ICから30分

瀬田の唐橋

瀬田の唐橋

-街道の要所-

琵琶湖から流れ出る唯一の河川は瀬田川である。その瀬田川に架かる橋は、瀬田橋・瀬田の板橋・瀬田の唐橋などと呼ばれてきた。宇治橋・山崎橋と並んで日本三大名橋の一つとして知られる。

瀬田橋は、日本の代表する東海道が通る、いわゆる東日本と西日本を結ぶ交通の要所であった。そのために戦乱のたびに瀬田橋の攻防が、ときの戦況に大きな影響を与えてきたのである。

戦国時代には、天下統一をめざす織田信長は、安土と京都を結ぶ道の整備に乗り出した。なかでも瀬田橋の改修に力を注ぎ、瀬田城主山岡景隆・奉行衆の木村次郎左衛門に命じ若狭・近江高島から材木を取り寄せた。『信長《しんちょう》公記』によれば、「橋の幅は七メートル、長さ約三二〇メートルで、双方に欄干をつけ」とあり、信長は天下の覇者としての威信をかけて立派な瀬田橋を再建したことがうかがえる。

しかし、「本能寺の変」のあと、安土へ向かう明智光秀の軍勢の進行を阻止するために、山岡景隆は再建まもない新しい橋を真っ先に焼き落とした。安土へ急ぐ光秀はすぐ渡ることが出来なかったが、急いで修理復旧して渡ったのである。

このように交通の要所にある瀬田橋は、古代における大津京の壬申《じんしん》の乱以降、戦乱のたびに運命をともにしていた。一般に「瀬田橋を制する者は天下を制する」ともいわれてきたほどであった。いつの時代においても瀬田橋は、軍事上重要な橋であったことを裏付けている。

また、瀬田橋にまつわる俵藤太秀郷《たわらのとうたひでさと》の百足《むかで》退治の伝承も著名で、瀬田橋東詰にはその由緒をもつ雲住寺や龍王社がある。

さらに、瀬田川の清流に映える名勝瀬田橋は、近江八景の一つ「瀬田の夕照《せきしょう》」として知られる。

■瀬田の唐橋

所在地　滋賀県大津市唐橋町、瀬田二丁目

アクセス　電車…JR琵琶湖線「石山駅」から徒歩10分、または京阪電鉄石山坂本線「唐橋前駅」から徒歩5分／車…名神瀬田東（西）ICから5分

京阪浜大津駅付近

大津城跡

-京極高次と浅井三姉妹-

湖岸に築城された戦国時代の水城の大津城の遺構はほとんど残っていない。大津城の本丸は、旧浜大津港付近にあったが、相次ぐ湖岸埋め立てによって大きく様相が変わった。ちょうど本丸跡は現在の京阪電車浜大津駅と琵琶湖汽船乗り場付近に存在していた。

大津城は、豊臣秀吉が坂本城を廃城にして、天正十四年（一五八五）ごろ、浜大津の湖岸に城を移した。城下の人々も大津城下に移っている。

大津城に城を移した理由は、秀吉は京都・大坂を政治の拠点としたために、湖上交通の基点や東海道の水陸交通の要所という地形的位置を重要視したのであろう。

秀吉は初代城主浅野長吉を据え、その四代目に八幡山城主京極高次《きょうごくたかつぐ》を入城させた。高次のときに天下分け目の合戦と言われた「関ヶ原合戦」が起った。

秀吉が慶長三年（一五九八）没すると、その跡目をめぐって政情が不安定となった。いわゆる旧豊臣方と徳川家康方と対立した。その前哨戦に大津城は、どちら側につくかが苦しい立場に立たされた。

城主の京極高次の妻は、お市の方の三人姉妹の次女のお初（常高院）で、その姉は秀吉の側室淀殿。高次の妹松の丸も秀吉の側室となっていた。一方高次の妻・お初の妹のお江は、お市の方の三女で徳川家康の長男秀忠の妻であった。そのため家康は上洛の途次大津城へたびたび立ち寄り親交を深めていた。

関ヶ原合戦のはじまる前に高次は、どちら側につくべきか悩んだ結果、ついに籠城を覚悟し大津の城下を自焼した。西軍は大津城を包囲し攻め込んだ。高次は激しく抵抗したがついに九日間目に開城した。その日に関ヶ原合戦がはじまったのである。高次は結果的に、西軍数万人を大津に足止めさせたことになった。最終的に東軍が勝利したが、家康は高次を評価して栄転させた。高次の大津籠城は、戦国時代の終焉を告げる重要な出来事であったといえる。

■大津城跡

所在地　滋賀県大津市浜大津

アクセス　電車…JR琵琶湖線「大津駅」から徒歩10分、京阪電鉄石山坂本線「浜大津駅」から徒歩すぐ／車…名神大津ICから5分

琵琶湖疏水と三井寺観音堂

三井寺

-信長と秀吉-

園城《おんじょう》寺は、天台寺門宗総本山で一般に三井《みい》寺《でら》の名称で親しまれている。延暦寺の山門《さんもん》に対して寺門《じもん》とよばれてきた。日本文化のうえで数多くの足跡をのこしてきた古刹。そして西国三十三所観音霊場の第十四番札所にあたる。平地に広い境内をもつ園城寺は、戦乱や政争のたびに少なからずまきこまれてきた。

戦国時代に入って、織田信長は園城寺を重視した。京都へ向う前進基地として、たびたび園城寺の光浄院に陣を敷いた。自らも宿所とした。永禄十一年（一五六八）九月の入京のときには、足利義昭とともに琵琶湖を渡り、光浄院に入っている。

ときの光浄院の暹慶《せんけい》は、信長の家臣の瀬田城主山岡景隆の弟であった。また、光浄院王林房景猶も景隆の弟で、信長・光浄院・山岡家とは親しい関係にあった。なお、暹慶はのち豊臣秀吉に仕え還俗し景友、出家して道阿《どうあ》弥《み》と称し、さらに徳川家康に仕え、忍び者の甲賀組の棟梁になったといわれている。

ところで、豊臣秀吉の世になって園城寺にとって大事件が発生した。文禄年間（一五九二～九六）秀吉が、突然園城寺に対して「闕《けつ》所《しょ》」いわゆる破却するという命をくだした。

その明確な理由は不明だが、秀吉の養子で関白となった秀次が謀反したとして自殺させられているが、その秀次に連座した人間が園城寺に借住しているとか、秀吉が園城寺の名木桜木を所望したが、これを無視して寺僧が伐採したとかなどいわれている。園城寺も延暦寺と同じく自己の地位安定をめざす天下人の犠牲になったといえよう。

その三年後の慶長三年（一五五九）に秀吉は闕所の命を解いた。それは秀吉が亡くなる前日にあたっていた。

まず再興されたのは宗祖円珍をまつる唐院からはじまった。秀吉の正室大政所《おおまんどころ》が金堂、徳川家康が奈良県比蘇寺から三重塔・近江の常楽寺から楼門（大門）、毛利輝元が山口県国清寺から経蔵・一切経をそれぞれ寄進し、大きな境内はまさに「建造物の博物館」の様相を呈しているといってよい。

■三井寺（園城寺）

所在地　滋賀県大津市園城寺町

アクセス　電車・バス…JR湖西線「大津京駅」から京阪バス三井寺下車すぐ、または京阪電鉄石山坂本線「三井寺駅」から徒歩10分／車…名神京都東ICから8分

湖西

宇佐山遠望

宇佐山城跡

ー森可成の城ー

近江は、城跡の宝庫といわれるほど戦国時代に多くの城が築かれた。宇佐山城もその一つである。

長等《ながら》の山なみの一角に宇佐山がある。ちょうど近江神宮本殿の西にあたる。標高三三六メートルの山頂のテレビアンテナ中継所のあるところが宇佐山城跡である。現在でも本丸・二の丸などの平坦面や石垣・石段をみることができる。ここからの大津市街・湖南方面の眺望はすばらしい。

宇佐山城は、織田信長が北国道（西近江路）方面を押さえるために、元亀元年（一五七〇）ごろに築城した。初代城主は、家臣の森三左衛門可成（森蘭丸の父）であった。

織田信長は、浅井・朝倉連合軍と姉川の合戦のあと、摂津（大阪）で挙兵した三好三人衆の討伐に向かった。そのすきまをぬって浅井・朝倉連合が北国道を南下したのである。

同年九月十六日城主の森可成は、山上にある宇佐山をくだって迎え討つために坂本付近まで出て、連合軍と相まじえたが森可成は討死。「来迎寺要書」によれば、そのとき近くの聖衆来迎寺《しょうじゅらいこう》住持真雄が、可成の遺骸を同寺に運び手厚く葬ったとある。現在もひときわ大きな可成の墓がある。

それはともかく、浅井・朝倉連合軍は、宇佐山城を攻略すべく攻め立てたが、強い抵抗にあった。その件を聞いた信長軍は京から大津に入ったが、連合軍は比叡山に入り立てこもったのである。

信長側と山門側との話し合いがもたれたが決別した。これがその翌年の山門焼き打ちを引き起こす大きな要因となったといわれる。

ところで、森可成の亡きあと、山門焼き打ち前に宇佐山城主に明智光秀が入った。まもなくして山門焼き打ちがあったため光秀は宇佐山城を引き払い、湖畔に坂本城を築くこととなった。

■宇佐山城跡

所在地　滋賀県大津市神宮町

アクセス　電車…JR湖西線「大津京駅」から徒歩45分、または京阪電鉄石山坂本線「近江神宮前駅」から徒歩30分／車…名神大津ＩＣから15分

日吉大社の鳥居

門前町坂本

-穴太衆積み石垣-

比叡山東麓の坂本は、最澄が比叡山に延暦寺を創建して以来、その参詣道の表玄関口にあたっていた。日吉大社の参道も兼ねている。

かつて山上に住む堂衆・衆徒の生活物資の供給地、いわゆる兵站《へいたん》基地の役割を果たしてきたところであった。

しかし、戦国時代の元亀二年（一五七一）織田信長の山門焼き打ちによって、坂本も衰退の途をたどったのである。

そのとき延暦寺の再興に尽力したのは、「黒衣の宰相」ともいわれた天海《てんかい》（慈眼大師）であった。坂本のまちづくりも天海によってはじめられた。天台座主《ざす》の常住のための滋賀院の建立、家康の霊をまつる日光東照宮よりも早く東照宮の造営も行われた。

そして、僧侶が六十歳を過ぎると山下に里坊が与えられ、数多くの里坊《さとぼう》が建てられた。現在五十一を数え、里坊には、比叡山を水源とする清流を巧みに各庭園に引き入れ、それぞれ興趣に富んだ庭園がつくられた。

さらに門前坂本のまちを特徴づけているのは、里坊を取り囲む石垣群であろう。とくに坂本の参道筋の両側に見られる石垣は見事で、全国的にみても特異な町なみ景観といってもよい。

石垣は、かつて比叡山に延暦寺が創建以来、堂舎などの石垣の構築に従事していた穴太衆《あのう》とよばれる石工たちの手によるものである。大小の自然の石を巧みに積む野面《のづら》石積みの手法は、素朴で味わい深い。

この穴太衆積み石垣は、戦国時代以降、全国の城郭づくりにも利用された。現在でも随所に見ることができる。

また、参道の両側に一列に並ぶ石灯籠も注目に価する。かつては日吉大社の各社殿の前に建てられていたが、明治初年の政府の廃仏棄釈によって、燃やすことのできない石灯籠だけが並べられたものである。形式をそれぞれ異にした石灯籠の並列は、日本の歴史の証人の一つといえるだろう。

■坂本のまちなみ

所在地　滋賀県大津市坂本

アクセス　電車…JR湖西線「比叡山坂本駅」から徒歩20分、または京阪電鉄石山坂本線「坂本駅」から徒歩3分／車…湖西道路下阪本ランプから10分

比叡山 根本中堂

比叡山の焼き打ち

比叡山は、五つの峰をもつ美しい山なみを形成している。その山なみは南北およそ十六キロメートルに及び、滋賀県と京都府の境をなしている。

比叡山は、琵琶湖と並んで近江の歴史と文化の構築に大きな影響を与えてきたことは記すまでもない。それは近江だけでなく、日本を代表する山である。百人一首で知られる歌人の慈円（慈鎮）は、「世の中に山てふ山は多かれど、山は比叡山の御山をぞいふ」と詠んでいる。

比叡山を仰いで育った最澄は、比叡山に入り延暦七年（七八八）に比叡山寺（のち延暦寺）を創建して以来、山全体を霊山として仰がれた。その後比叡山から法然・親鸞・道元・栄西・日蓮など日本の著名な祖師たちを輩出し、日本の仏教の母山として親しまれてきた。

ところで、比叡山は、ときの政争に時々巻きこまれたことがあったが大事には至らなかった。しかし、戦国時代に入って一大事件が発生した。それが「山門（比叡山）焼き打ち」「元亀の兵乱」とよばれるものであった。

それは、天下統一を夢見る織田信長が仕掛けた事件。信長は、自らの前に立ち向かう政敵の浅井長政・朝倉義景などが早くから比叡山と親交をもっていたことが、その行動の伏線となった。そして元亀二年（一五七一）聖域の比叡山の焼き打ちを行ったのである。

思いもよらない焼き打ちによって、『信長公記』によれば比叡山三塔（東塔《とうどう》・西塔《さいとう》・横《よ》川《かわ》）に散在していた堂舎・仏像・経巻はことごとく灰燼に帰し、その犠牲者は数千人にのぼる悲惨な状況であったという。

この事件によって、比叡山の開山以来数百年間にわたって、はぐくまれてきたすぐれた文化資源は、ことごとく焼失してしまった。

信長の周到な準備で行なった山門焼き打ちには、近江平定への道の出発点であった。一方比叡山は、戦国時代の犠牲者の一つであるといえるだろう。

■**比叡山**

所在地　滋賀県大津市坂本本町ほか
アクセス　電車…JR湖西線「比叡山坂本駅」から徒歩15分坂本ケーブル利用、または京阪電鉄石山坂本線「坂本駅」から徒歩10分坂本ケーブル利用／車…名神京都東ICから西大津バイパス近江神宮ランプ、下鴨大津線（山中越）で田の谷峠から比叡山ドライブウエイ10分

西教寺

明智光秀の菩提寺

- 西教寺 -

西教寺は、比叡山東麓の高台に位置。全国に四百五十有余の末寺をもつ天台真盛宗の総本山である。当寺の歴史は古く聖徳太子の創建と伝え、平安時代比叡山の良源・恵心僧都《えしんそうず》が草庵を結んだという由緒をもつ。そして文明十八年（一四八六）に、比叡山で長年修行を積んだ真盛が入寺し念仏道場とした。

ところで、戦国時代には織田信長の山門焼き打ちのとき当寺も破却。そのあとすぐに西教寺の再興を積極的に援助をしたのは、当時坂本城主の明智光秀であった。

光秀は、早速仮本堂・大本坊などを整備したという。昭和三十五年（一九六〇）大本坊改築のとき、大本坊屋根裏から「天正年中明智光秀公所造古木」と深く彫られた用材が発見されそれを裏付けている。

西教寺を光秀は、菩提寺としていたとみえ、当寺には光秀の妻熙子《ひろこ》・一族の墓がある。また、当寺に坂本城の旧城門・梵鐘・書状・文箱などが寄進され、いずれも現存する。

境内の本堂横には、本能寺の変の後光秀を敗死させた豊臣秀吉の伏見桃山城の旧殿が移築されている。桃山御殿(国指定重要文化財)は、一般に書院と呼ばれる。入母屋造と妻入造をとり入れた優美な檜皮《ひわだ》葺建造物で、内部は豪華な障壁画で飾られている。

この書院は、秀吉と親交の深い敦賀城主大谷吉継の母と秀吉の右筆《ゆうひつ》（文書を書く）をつとめた山中山城寺長俊の妻の二人によって慶長三年（一五九八）に寄進されているが、その経緯については明らかでない。

西教寺には、山中長俊が絵師に没後まもない秀吉を描かせた「絹本著色豊臣秀吉像」（国指定重要文化財）の優品もある。

また、当寺には豊臣五奉行の一人加賀前田利家の息女を秀吉の養女にした前田菊姫の肖像画と墓がある。この意味からいえば西教寺は、戦国時代において相対していた光秀と秀吉とかかわりの深い不思議な寺院であると言えるだろう。

■西教寺

所在地　滋賀県大津市坂本五丁目

アクセス　電車・バス…JR湖西線「比叡山坂本駅」からバス7分西教寺下車すぐ、または京阪電鉄石山坂本線「坂本駅」下車徒歩20分／車…湖西道路下阪本ランプから10分

坂本城跡

坂本城跡

- 明智光秀の居城 -

琵琶湖の湖岸を利用した典型的な水城が坂本城であった。織田信長が元亀二年（一五七一）の山門焼き打ちのあと、信長が明智光秀に命じて坂本城を築かせた。

坂本城は、天主を有し湖岸に突き出た豪壮な城であったことが諸資料からもうかがえる。坂本城は、北国道（北陸道）・山中越への京道・湖上交通の坂本港といった水陸交通の要所を占めるとともに、比叡山監視の意味をもってこの地に築城されたと考えられる。

天正六年（一五七八）光秀は、茶湯の師匠である堺の津田宗久を坂本城に招いて茶会を催した。宗久は茶会が終わってあと「御座船を城の内より乗り候て　安土に参る」（『天王寺屋会記』）とあり、湖水に接した水城であったことがわかる。さらに坂本城について同城を訪ねた吉田兼見は、自らの日記に「坂本に下向、城中天主作事、以下悉く披見也　驚目了」とあるようにすぐれた天主をもつ坂本城に驚きの目で見ていたことがうかがえる。また、坂本城について来日中のイエスズ会宣教師のルイス・フロイスの「日本史」によれば「比叡山に近く、近江国二十五レーグアもあるかの大湖（琵琶湖）のほとりにある坂本と呼ばれる地に邸宅と城砦を築いたが、それは日本人にとって豪壮華麗なもので信長が安土山の建てたものに次ぎ、この明智の城ほど有名なものは天下にないほどであった」と天下の名城としての安土城に次ぐ城として認識されていた。

光秀の坂本城の在城中には、文化人光秀を反映して年に数回著名人による茶会・連歌会が催され、まさに文化サロンの様相を呈していた。

しかし、本能寺の変の後、光秀は安土城に一時入城したがすぐに山崎へ向かい悲運な死をとげた。坂本城を守る明智秀満は、秀吉軍に囲まれ、光秀の妻女たちとともに自刃した。そのあと坂本城へは、豊臣秀吉は丹羽長秀を入城させた。

■坂本城跡

所在地　滋賀県大津市下阪本三丁目

アクセス　電車・バス…JR琵琶湖線「大津駅」から江若バス15分下坂本下車徒歩3分／車…湖西道路下阪本ランプから5分

満月寺 浮御堂

堅田の浮御堂

-湖畔の景勝地-

湖岸から約二〇メートル湖中に、宝形造の浮御堂がある。臨済宗大徳寺派満月寺の御堂で、正面は東側の湖面に向っている。

　縁起によれば、平安時代に比叡山横川の恵心僧都（源信）が、湖上安全を祈願するために建立したという。近くの観音堂には、恵心僧都の持仏と伝える優美な聖観音坐像（国指定重要文化財）が安置されている。

　浮御堂は、その名称どおりで琵琶湖を代表する景勝地であった。近世初頭に選定された近江八景の一つ「堅田の落雁《らくがん》」で知られる。浮世絵の名所版画では、浮御堂を主に上空を雁が飛んでいる風景が多い。江戸時代には松尾芭蕉をはじめ多くの文人墨客が浮御堂へ足を運んでいる。

　ところで、浮御堂のある堅田は、琵琶湖の最狭部に位置し、その好条件を背景に中世には湖上交通を掌握し繁栄をしたところである。住人（堅田衆）は殿原衆・全人衆によって構成され、自治のまちとして知られていた。

　戦国時代には、湖上交通の実権をにぎる堅田衆も戦乱にまきこまれるようになった。元亀三年（一五七〇）反織田信長の朝倉義景に味方した堅田は、信長は配下の武将を差し向けて、堅田の攻略に乗り出した。しかし、堅田の有力土豪（居初《いそめ》・猪飼《いかい》・馬場）たちは、信長方に呼応した。これを契機にいままでの堅田の反信長の立場が、信長方に組みこまれる事になったのである。それは湖上交通の掌握の上でも大きな力を得ることとなった。

　早速翌年には、堅田衆は信長の武将丹羽長秀の命をうけて、宇佐山城主明智光秀・高島郡打下の林員満《はやしかずみつ》とともに、高島郡新庄城への磯野員昌らの湖上輸送にたずさわった。それは、反信長の朝倉義景・浅井長政両軍の連携を絶ったために、新庄城へ応援に行った。

　また元亀四年（一五七一）に信長は、今堅田攻めを行なっているが、堅田衆は今堅田が同じ堅田四方の一部に加わっているので参加は見送っている。

■満月寺（浮御堂）

所在地　滋賀県大津市堅田

アクセス　電車・バス…JR湖西線「堅田駅」からバス10分出町下車徒歩7分／車…湖西道路真野ICから10分、または名神栗東ICから40分

大溝城跡 乙女ヶ池

大溝城跡

― 織田信澄の城 ―

大溝城跡は、高島市勝野の琵琶湖とつながる内湖乙女ヶ池畔にある。

その変遷は、天正元年（一五七三）織田信長は、もと浅井長政の家臣であった磯野員昌を自らの家臣にさせ高島郡新庄城（高島市新旭町）を与えた。員昌に嫡子がいないために信長は、信行（弟）の子信澄を養子にした。

信澄は、信長の遊軍軍団の将として活躍をしていた。また信長の口添えで明智光秀の娘と結婚をしている。そのあと員昌が信長と不和で出奔すると、信澄が新庄城主となった。

同六年（一五七九）に信澄は、新庄城から少し南にあたる琵琶湖畔に、高島郡支配の拠点として大溝城を築城した。大溝城は、城下に北国道（西近江路）を通し、それに接するように湖の内湖の乙女ヶ池に突き出させた水城であった。

大溝城の築城には、信長の琵琶湖を重要視した意向が強く打ち出されていた。すなわち本拠地の安土を中心に北に秀吉の長浜城、南に光秀の坂本城、西に大溝城という四つの城が、琵琶湖によって結ばれていたのである。

ところで、信澄の着任四年後に「本能寺の変」が発生し、信長が没すると光秀が信澄の義父にあたる関係で豊臣軍の丹羽長秀に攻められ自刃。

大溝城主に丹羽長秀がついた。のち浅井長政の娘の浅井三姉妹の次女お初の夫京極高次が城主となった。高次は秀吉から最初高島郡田中郷二千五百石の領地からはじまり、あと大溝城主一万石に加増され、大溝侍従とよばれていた。大溝城だけでも近江の戦国の世の特徴を表出させていたといってよい。

大溝城跡には、大きな石垣によって構築された天守台の遺構の一部をみることができる。また、信澄が新庄城から大溝城に移動したとき移ってきた寺院や町名も一部残っている。

大溝城は、のち江戸時代の元和五年（一六五九）伊勢上野城主分部《わけべ》光信（関ヶ原合戦のとき家康側についた光嘉の養子）が入封し、大溝藩がはじまった。

■大溝城跡

所在地　滋賀県高島市勝野

アクセス　電車…JR湖西線「近江高島駅」から徒歩5分／車…湖西道路比良ランプから25分

朽木の里

朽木越

－信長の撤退－

戦国時代という舞台には、近江の地が数多く登場する。その一つが織田信長の朽木越であろう。

朽木は、近江と若狭の国境に位置し、四周山に囲まれた山里である。当地は良材に恵まれ、かつて「朽木の杣《そま》」とよばれていた。

室町時代後期には、京都の戦乱を避けるために室町幕府第十二代将軍足利義晴・第十三代将軍足利義輝が、三回延べ八年間にわたって朽木に滞在していたのである。

ところで、元亀元年（一五七〇）四月、信長は朝倉義景討伐のため、京都を出て西近江路を坂本・和邇《わに》・田中・熊川の各所で泊り越前に向った。妹婿の浅井長政が突如離反し、朝倉側について越前に向かう。はさみうちになった信長は、撤退を決意して木下（羽柴）秀吉を金ヶ崎城（敦賀市）に留め置き退却する。これが著名な「金ヶ崎の退《の》き口」である。軍のしんがりを務めることは、最も勇気のいることであった。

難をのがれた信長は、わずかの兵をつれて丹後街道・若狭街道を通り水坂峠・保坂（今津町）へ、ここで道を右へとり谷間道の朽木街道に入る。そのとき朽木の領主朽木元綱は、道案内をし、信長一行の通過を認めたという。

信長は朽木谷から葛川《かつらがわ》谷（大津市）に入り花折峠・途中峠を経て大原（京都市）から京都に入った。『信長公記』元亀元年四月三十日の条に「金が崎城を後に朽木越で京都へ」とあり、信長の朽木越を裏付けている。

信長の帰途は京都から近江に入り、鈴鹿山系の千草越で、反信長方の六角氏の配下によって鉄砲で狙撃されたことはよく知られている。いずれにしても、信長にとって朝倉義景攻めは、危険の連続であった。

それはともかく、日本海小浜（福井県）と京都を結ぶ若狭街道・朽木街道は、一名「鯖《さば》の道」とよばれ、海産物の輸送のうえで重要な道であった。

■朽木越

所在地　滋賀県高島市朽木野尻

アクセス　電車・バス…JR湖西線「安曇川駅」からバス10分村民グランド前／車…湖西道路南真野ＩＣから60分

スケッチポイント

湖北
- 栃ノ木峠
- 賤ヶ岳の合戦
- 余呉湖
- 小谷城跡
- 姉川の合戦
- 虎御前山
- 国友鉄砲の里
- 北国街道
- 長浜城界隈
- 大通寺参道
- 竹生島

湖東
- 佐和山城跡
- 湖東の技の人
- 安土城跡
- セミナリヨ跡
- 観音寺城跡
- 八幡山城跡と旧城下
- 八風越道

湖南
- 日野城跡
- 水口岡山城跡
- 瀬田の唐橋
- 大津城跡
- 三井寺

湖西
- 宇佐山城跡
- 門前町坂本
- 比叡山の焼き打ち
- 明智光秀の菩提寺
- 坂本城跡
- 堅田の浮御堂
- 大溝城跡
- 朽木越

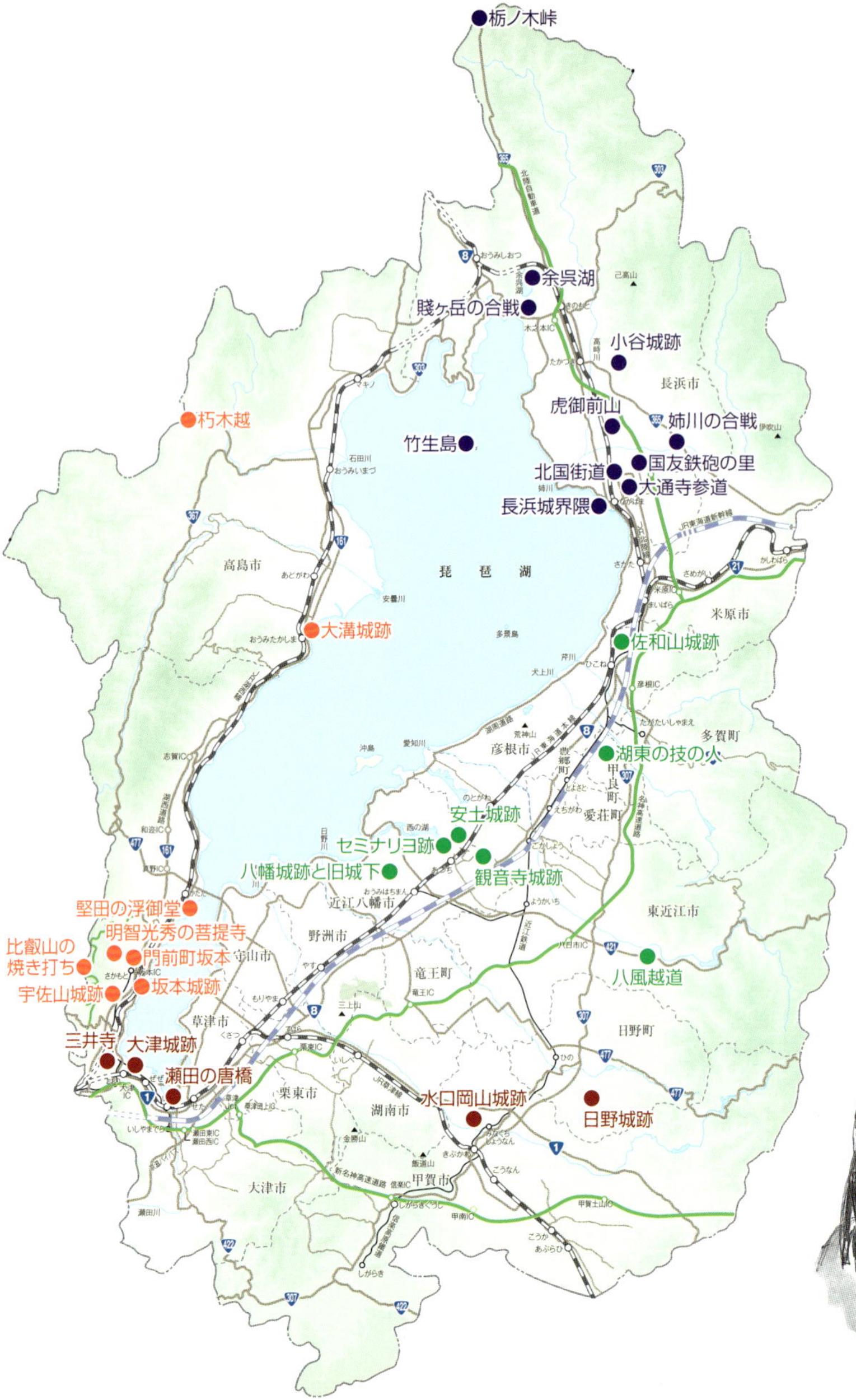

あとがき

戦国近江を描ける楽しさ

大津・瀬田川畔に生まれて六十余年。

『瀬田の唐橋を制する者は天下を制する』の言葉通り、交通の要衝で育ったことが、〝歴史大好き〟人間を作った要因でもあると思います。

新聞・雑誌の仕事や個展の取材などで湖国各地を数多く回りましたが、まだまだ知らないことが多く残っています。

大陸からの生活・文化が流入した渡来人の里。戦乱に明け暮れた村々。商人、旅人、武将が駆け抜けた多くの街道など…近江は歴史的土壌豊かな地であることがわかります。

画家にとって、これ以上の素材にめぐまれた土地はなく、うれしい限りです。

戦国の舞台をテーマに、今回スケッチに歩いてみて、集落の大きさや、街道の道幅、城の置かれた位置…など、画面に描きながらも何かしら、その時代の背景や歴史的な理由がわかりそうな気になってきます。

武将たちの生きざま、戦略、戦術を考えると興味はつきません。

〝天下の回廊〟近江の魅力をこれからも描き続けて行きたいものです。

今回のスケッチ紀行をご覧くださり、少しでも戦国の姫たちの気分になってくだされば幸いです。

水彩画家　寺田みのる

織田信長

寺田みのる

一九四六年、大津市生れ。

水彩スケッチを中心に各地で個展八十数回、ローマ・台北・リヨン・南京と海外でも作品発表。毎日新聞大阪本社版に『あなたと歩きたい』、雑誌『毎日夫人』にもスケッチ&エッセイ連載。海外へは世界四十八ヶ国にスケッチ取材。主な著書に『近江百景』、『絵が描ける人生を楽しむ方法』、『京都であなたと』など多数…。

二〇一〇年国際水彩画家精鋭選抜展（南京市）招待作家出品、産経国際書会会友。現在、寺田實企画事務所代表、寺田みのる水彩教室主宰。

木村至宏《よしひろ》

大津市歴史博物館初代館長を経て、一九九六年から成安造形大学教授、二〇〇〇年同大学長、二〇〇八年から同大学附属近江学研究所長就任、名誉教授。一九九六年第四十回京都新聞文化賞、二〇〇四年滋賀県文化賞を受賞。滋賀県を研究のフィールドとし、近江の歴史と文化（地域史）を軸に文化史を専門。『図説滋賀県の歴史』（河出書房新社）、『琵琶湖　その呼称の由来』（サンライズ出版）など、歴史・文化を中心とした著書多数。

姫たちのふる里
近江戦国スケッチ紀行

発行日　2010年11月30日　初版第1刷
著　者　画・寺田みのる／文・木村至宏
発　行　サンライズ出版株式会社
〒522-0004
滋賀県彦根市鳥居本町655-1
電　話　0749-22-0627
FAX　0749-23-7720
デザイン　キユーヴ　髙橋守
ISBN978-4-88325-431-6 C0017